Blubb, blubb, blubb, macht der Fisch – Meine 15 schönsten Lieder für die Kleinsten.

Das Liederbuch mit allen Texten, Noten und Gitarrengriffen zum Mitsingen und Mitspielen

Neue Kinderlieder von und mit Stephen Janetzko

Copyright © 2017 Verlag Stephen Janetzko, Erlangen
www.kinderliederhits.de
Alle Lieder verlegt bei Edition SEEBÄR- Musik Stephen Janetzko, Erlangen
Online-Shop im Internet unter ***www.kinderlieder-shop.de***
Coverzeichnung/Illustration: Petra Lefin - Covergrafik: Stephen Janetzko
Notensatz, grafische Vorbereitung und Idee: Stephen Janetzko
All rights reserved.

ISBN-10: 395722232X

ISBN-13: 978-3-95722-232-9

Inhaltsverzeichnis

Lied:	Seitenzahl:
Blubb, blubb, blubb, macht der Fisch	4
Häng dich an, häng dich an (Wir fahr'n mit der Eisenbahn)	5
Nasenmann und Ohrenfrau (Meine sieben Sinne)	6
Hallo und guten Morgen	7
Die Finger gehen jetzt auf Reise (Fingerspiel)	8
Hallo, wir sind froh!	9
Der Hasentanz (All die kleinen Häschen)	10
Die Mama ist die 1 (Mama, Papa, Bruder, Schwester und ich)	11
Im Zoo, im Zoo, im Zoo	12
Engelchen, Engelchen (Schutzengel-Lied)	13
Ich gieße jedes Gänseblümchen (Gießkannen-Tanz)	14
Riesen und Zwerge	15
Heute fallen Regentropfen	16
Auf dem Spielplatz	17
Alle braven Kinder schlafen (Schlaflied)	18

Blubb, blubb, blubb, macht der Fisch

Text und Musik: Stephen Janetzko; CD "Blubb, blubb, blubb, macht der Fisch"
© Edition SEEBÄR-Musik Stephen Janetzko, www.kinderliederhits.de

1. Blubb, blubb, blubb, macht der Fisch, Fisch, Fisch.
Blubb, blubb, blubb, macht der Fisch, Fisch, Fisch.
Blubb, blubb, blubb, blubb, blubb, blubb.
Blubb, blubb, blubb, blubb, blubb.

(Bewegung: schwimmen/tauchen)

2. Quak, quak, quak, macht der Frosch, Frosch, Frosch… (hüpfen)
3. Brumm, brumm, brumm, macht der Bär, Bär, Bär… (stapfen)
4. Pieps, pieps, pieps, macht die Maus, Maus, Maus… (sich klein machen)
5. Uh! Uh! Uh!, macht der Gorilla (mit den Fäusten auf die Brust schlagen)
6. Oink! Oink! Oink!, macht das Schwein, Schwein, Schwein
(auf allen Vieren gehen)
7. Muh, muh, muh, macht die Kuh, Kuh, Kuh (kauen)
8. Hopp, hopp, hopp, macht das Pferd, Pferd, Pferd (reiten)
9. Watsch, watsch, watsch, macht der Pinguin (watscheln)
10. Boing, boing, boing, macht das Känguru (springen)
11. Schnapp, schnapp, schnapp, macht der Hai, Hai, Hai
(mit Mund und Hand schnappen)

zum Abschluss:
12. Klapp, klapp, klapp, macht die Hand, Hand, Hand
(klatschen, am Ende großen Applaus)

Spielanregung:
siehe Klammern. Ein ganz einfaches Spiellied für die Kleineren.
Beliebig erweiterbar, natürlich darf auch der Hund wau und
die Katze miau machen…

Häng dich an, häng dich an
(Wir fahr'n mit der Eisenbahn)

Text und Musik: Stephen Janetzko; CD "Blubb, blubb, blubb, macht der Fisch"
Tempo: ca. 160   © Edition SEEBÄR-Musik Stephen Janetzko, www.kinderliederhits.de

1. Häng dich an, häng dich an, wir fahr'n mit der Eisenbahn!
Häng dich an, häng dich an, wir fahr'n mit der Eisenbahn!
Jetzt ist der Leon* dran, hängt sich einfach hinten an.
Jetzt ist der Leon* dran, hängt sich einfach hinten an.
Einmal hoch und einmal runter, auf dem Bahnhof bleibe stehn!
Einmal drücken, zweimal Küsschen, klatschend sich im Kreise drehn -
schon kann es weitergehn! La-lala-lalala.

2. usw. ... Jetzt ist der/die ... (*Namen einfügen) dran...

Spielanregung für die Eisenbahn-Polonäse:
Alle Kinder gehen wie bei der Polonäse durch den Raum, die Hände an den Schultern des Vorderkindes.
Variante 1: Ein Kind beginnt, und bei der Zeile "Jetzt ist der/die ... (*Namen einfügen) dran" kommt jeweils das nächste Kind dazu und schließt sich an.
Variante 2: Alle gehen als Zug, und bei der Zeile "Jetzt ist der/die ... (*Namen einfügen) dran" geht jeweils das vordere Kind nach hinten und schließt sich hinter dem letzten Kind wieder an.
Danach fährt die Eisenbahn hoch = über einen Berg (wir strecken uns beim Gehen nach oben und können große Schritte machen), danach runter = den Berg hinab (wir bücken uns beim Gehen und machen kleine Schritte), dann bleibt sie stehn (wir halten an).

Jetzt imitieren wir eine Verabschiedungsszene am Bahnhof: Bei "einmal drücken" umarmen wir uns selbst oder gegenseitig (wir können mit kleineren Kindern auch singen "einmal knuddeln"), bei "zweimal Küsschen" machen wir Küsschen links und rechts in die Luft
(hier kann beim Singen kurz für die Küsschen pausiert werden).
"Klatschend sich im Kreise drehn" erklärt sich selbst, und bei "schon kann es weitergehn" winken wir nach rechts und links, bevor die Eisenbahn wieder weiterfährt!
Für ganz kleine Kinder kann der Bewegungsteil auch auf eine Zeile abgekürzt werden, z.B. "Einmal hoch und einmal runter, klatschend sich im Kreise drehn - schon kann es weitergehn!"

Nasenmann und Ohrenfrau (Meine 7 Sinne)

Text und Musik: Stephen Janetzko; CD "Blubb, blubb, blubb, macht der Fisch"
© Edition SEEBÄR-Musik Stephen Janetzko, www.kinderliederhits.de

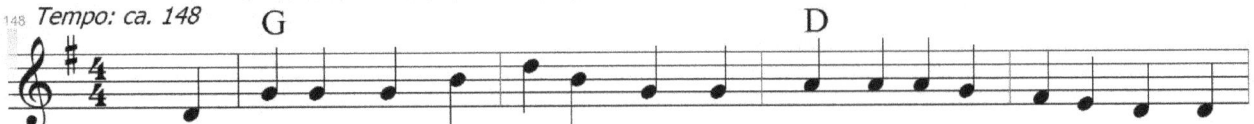

(Riechen)

2. Die Ohrenfrau, die Ohrenfrau, ja, die hört alles ganz genau.
Die Ohrenfrau, die Ohrenfrau, ja, die hört alles ganz genau.
(Hören)

3. Das Augenkind, das Augenkind, sieht alles und ist gar nicht blind.
Das Augenkind, das Augenkind, sieht alles und ist gar nicht blind.
(Sehen)

4. Der Zungenhund, der Zungenhund, der schmeckt und weiß, es ist gesund.
Der Zungenhund, der Zungenhund, der schmeckt und weiß, es ist gesund.
(Schmecken)

5. Die Fühlekatz, die Fühlekatz, die streichelt alles mit der Tatz.
Die Fühlekatz, die Fühlekatz, die streichelt alles mit der Tatz.
(Fühlen)

6. Der Maulwurf bückt, der Maulwurf bückt sich auch im Dunkeln sehr geschickt.
Der Maulwurf bückt, der Maulwurf bückt sich auch im Dunkeln sehr geschickt.
(kinästhetischer Sinn - Körpersinn)

7. Flamingos Bein, Flamingos Bein das balanciert heut ganz allein.
Flamingos Bein, Flamingos Bein das balanciert heut ganz allein.
(Gleichgewichtssinn)

Spielanregung: Ein ganz einfaches Spiellied für die Kleineren.
Zu den Sinne-Strophen an die Nase fassen und riechen, Hände an die Ohren und hören, mit Daumen und Zeigefinger beider Hände eine Brille formen und sehen, schmatzen und schmecken, den eigenen Körper abstreichen, sich mit geschlossenen Augen bücken, auf einem Bein stehen (zum Schluss bleibt jeder so lange auf einem Bein stehen, wie er oder sie kann).

Hallo und guten Morgen

Text und Musik: Stephen Janetzko; CD "Viele schöne neue Kinderlieder"
© Edition SEEBÄR-Musik Stephen Janetzko, www.kinderliederhits.de

1. Hal - lo und gu - ten Mor - gen, ein neu - er Tag ist da!
   Die Son - ne steht am Him - mel, wir fühl'n uns wun - der - bar.
   Fi - del fi - del schrumm schrumm schrumm - dreh dich mal im Kreis he - rum!

2. Hallo und guten Morgen, ein neuer Tag ist da!
   Wir schütteln unsre Arme und fühl'n uns wunderbar.
   Fidel fidel schrumm schrumm schrumm - dreh dich mal im Kreis herum!

3. Hallo und guten Morgen, ein neuer Tag ist da!
   Wir schütteln unsre Beine und fühl'n uns wunderbar.
   Fidel fidel schrumm schrumm schrumm - dreh dich mal im Kreis herum!

4. Hallo und guten Morgen, ein neuer Tag ist da!
   Wir stampfen auf den Boden und fühl'n uns wunderbar.
   Fidel fidel schrumm schrumm schrumm - dreh dich mal im Kreis herum!

5. Hallo und guten Morgen, ein neuer Tag ist da!
   Wir reichen uns die Hände und fühl'n uns wunderbar.
   Fidel fidel schrumm schrumm schrumm - dreh dich mal im Kreis herum!

Spielanregung:
Ein ganz einfaches Morgenlied zum Mitmachen im Morgenkreis.
Für Spielgruppen und bis in die Schule noch einsetzbar.
Zeile 1: Mitklatschen
Zeile 2: den Anweisungen folgen (große Sonne in die Luft malen,
Gliedmaßen schütteln, stampfen, im Kreis die Hände reichen)
Zeile 3: Erst Geigenspiel, dann Gitarrenspiel imitieren
Zeile 4: Einmal im Kreis drehen

Nach Bedarf abändern oder erweitern;
weitere mögliche Strophen z.B.:
- Wir schütteln unsre Hände
- Wir schütteln unsre Füße
- Wir schütteln unsre Hüfte
- Wir klatschen in die Hände...

Die Finger gehen jetzt auf Reise
(Fingerspiel)

Text: Constanze Grüger/Stephen Janetzko/Susanne Weyhe; Musik: Stephen Janetzko, CD "Blubb, blubb, blubb, macht der Fisch" © Edition SEEBÄR-Musik Stephen Janetzko, www.kinderliederhits.de

Refrain:
Die Finger gehen jetzt auf Reise,
auf superelegante Weise.
Die Finger gehen jetzt auf Reise,
auf superelegante Weise.
Sie huschen hin und her,
und das gefällt ihnen sehr.
Sie huschen hin und her,
und das gefällt ihnen sehr.

1. Seht euch mal den Daumen an,
wie sein Köpfchen nicken kann.

2. Seht den Zeigefinger an,
wie er sich lang strecken kann.

3. Seht den Mittelfinger an,
wie er sich verbeugen kann.

4. Seht euch den Ringfinger an,
der den Daumen küssen kann.

5. Kleiner Finger, zapple keck!
Husch, und alle sind schnell weg!

Hallo, wir sind froh!

Text und Musik: Stephen Janetzko; CD "Blubb, blubb, blubb, macht der Fisch"
© Edition SEEBÄR-Musik Stephen Janetzko, www.kinderliederhits.de

2. Hallo, wir sind froh und machen jetzt ein Tänzchen.
Hallo, wir sind froh und machen einen Tanz. (2x)
Refrain: Wir strecken uns...

3. Hallo, wir sind froh und drehen uns im Kreise.
Hallo, wir sind froh und drehen uns im Kreis. (2x)
Refrain: Wir strecken uns...

4. Hallo, wir sind froh und laufen durch die Gräser.
Hallo, wir sind froh und laufen durch das Gras. (2x)
Refrain: Wir strecken uns...

5. Hallo, wir sind froh und stampfen mit den Füßen.
Hallo, wir sind froh und stampfen mit dem Fuß. (2x)
Refrain: Wir strecken uns...

6. Hallo, wir sind froh und steigen auf die Berge.
Hallo, wir sind froh und steigen auf den Berg. (2x)
Refrain: Wir strecken uns...

7. Hallo, wir sind froh und fliegen durch die Lüfte.
Hallo, wir sind froh und fliegen durch die Luft. (2x)
Refrain: Wir strecken uns...

8. Hallo, wir sind froh und klatschen in die Hände.
Hallo, wir sind froh und klatschen in die Hand. (2x)
Refrain: Wir strecken uns...

Spielanregung:
Ein einfaches Spiellied mit wiederkehrendem Refrain, das zum Mitmachen anregt.
Überall einsetzbar, draußen wie drinnen, und dank der Einfachheit auch ohne Instrument möglich. Der Text und die Mitmachaktionen sind beliebig erweiterbar. Zur Refrainzeile „Und endlich sind wir froh!" dreimal klatschen, der Rest ergibt sich durch den Text...!

All die kleinen Häschen (Der Hasentanz)

Text: Constanze Grüger mit Stephen Janetzko; Musik: Stephen Janetzko, CD "Blubb blubb blubb macht der Fisch" © Edition SEEBÄR-Musik Stephen Janetzko, www.kinderlieder-und-mehr.de

Refrain: All die klei-nen Häs-chen rüm-pfen keck das Näs-chen,
wa-ckeln mit dem Schwanz, Schwanz, Schwanz. Ja, so geht der Ha-sen-tanz!
1. Vor-der-pfo-ten in die Luft! Streckt sie hoch hi-nauf!
Winkt euch da-mit freund-lich zu. Stop! Hört wie-der auf!

Refrain: All die kleinen Häschen...

2. Ohren sind jetzt aufgestellt,
Häschen, ihr habt`s drauf!
Dreht sie vor und dann zurück!
Stop! Hört wieder auf!

Refrain: All die kleinen Häschen...

3. Hinterpfoten sind jetzt dran!
Füße stampfen auf!
Fangt ganz laut zu trommeln an!
Stop! Hört wieder auf!

Refrain: All die kleinen Häschen...

4. Alle Häschen sind schön schlapp,
hört nur das Geschnauf!
Kriecht in euren Bau hinein,
denn der Tanz hört auf!

Die Mama ist die 1
(Mama, Papa, Bruder, Schwester und ich)

Text und Musik: Stephen Janetzko; CD "Blubb, blubb, blubb, macht der Fisch"
© Edition SEEBÄR-Musik Stephen Janetzko, www.kinderliederhits.de

Die Mama ist die 1,
aus der bin ich geschlüpft.
Der Papa ist die 2,
mit dem bin ich gehüpft.
Mein Bruder ist die 3,
der ist der Größte hier.
Die Schwester, ja die Schwester?
Das ist die Nummer 4.
Und ich, ich, ich,
ja ich, ich, ich,
ich bin die große kleine 5!

Spielanregung:
Wie zeigen 1-5 Finger jeweils zu den passenden Versen
(Daumen bis kleiner Finger).
Schlüpfen: so tun, als würden wir aus einem Ei schlüpfen.
Hüpfen: wir hüpfen.
Der Größte: aufstehen und nach oben strecken.
Die Schwester: innehalten und grübeln.
Ich: Jubeln und den kleinen Finger zeigen.

Im Zoo, im Zoo, im Zoo

Text und Musik: Stephen Janetzko; CD "Blubb, blubb, blubb, macht der Fisch"
© Edition SEEBÄR-Musik Stephen Janetzko, www.kinderliederhits.de

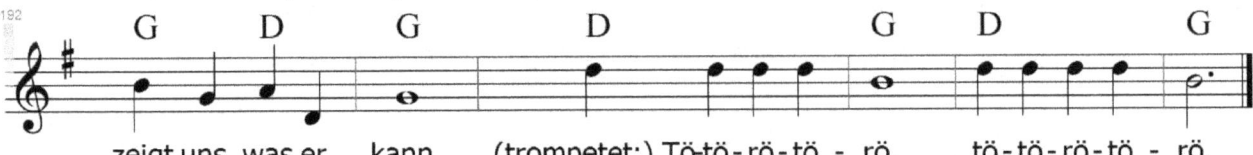

1. Im Zoo, im Zoo, im Zoo spiel'n alle Tiere froh. Der Elefant fängt an und zeigt uns, was er kann. (trompetet:) Tö-tö-rö-tö-rö, tö-tö-rö-tö-rö.

2. Im Zoo, im Zoo, im Zoo
spiel'n alle Tiere froh.
Der Papagei ist dran
und zeigt uns, was er kann.
(Papagei flattert und spricht:)
Piep-piep-piep-piep-piep,
piep-piep-piep-piep-piep.

3. Im Zoo, im Zoo, im Zoo
spiel'n alle Tiere froh.
Der Affe ist jetzt dran
und zeigt uns, was er kann.
(Affe hangelt sich von Baum
zu Baum, dazu können wir
einfach Geräusche machen
oder "La-la-la-la-la..." singen)

4. Im Zoo, im Zoo, im Zoo
spiel'n alle Tiere froh.
Der Löwe ist jetzt dran
und zeigt uns, was er kann.
(Löwe brüllt)

5. Im Zoo, im Zoo, im Zoo
spiel'n alle Tiere froh.
Das Krokodil ist dran
und zeigt uns, was er kann.
(Krokodil schnappt mit seinem
großen Maul und singt:)
"Schnappi, schnappi, schnapp,
schnappi, schnappi, schnapp".

Letzte Strophe:
Im Zoo, im Zoo, im Zoo
geh'n alle jetzt zur Ruh.
Sogar die kleinste Maus,
die schläft sich erstmal aus.
(Alle schnarchen:)
Chr-chr-chr-chr-chr,
chr-chr-chr-chr-chr.

Spielanregung:
Ein Aktivlied für alle: Jedes Kind darf
sich ein Tier aussuchen und es in
der passenden Strophe imitieren.
Es können aber auch alle mitmachen.
Weitere mögliche Tiere:
Tiger, Nilpferd, Känguru, Delphine,
Seehund, Giraffe, Lama, Wildschwein,
Eisbär usw.
Welche Tiere fallen euch noch ein,
die im Zoo leben?
Hinweis zur 2. Zeile: Statt "spieln alle
Tiere froh" kann man auch z.B. etwas
frech singen "sitzt keiner auf dem Po"
(dazu können die Kinder dann alle
aufstehen) oder "spiel'n alle Tiere so"
oder "sind alle Kinder froh".
Zum Schluss des Lieds legen sich
dann alle Tiere schlafen. Das Lied
könnte daher auch vor dem
Einschlafen oder vor dem Mittagsschlaf
wie ein Ritual eingesetzt werden, im
die Kinder ausgespielt und mit Fantasie
in den Schlaf zu begleiten.

Engelchen, Engelchen
(Das Schutzengel-Lied)

Text und Musik: Stephen Janetzko; CD "Blubb, blubb, blubb, macht der Fisch"
© Edition SEEBÄR-Musik Stephen Janetzko, www.kinderliederhits.de

Tempo: ca. 168

Refrain: Ich bin nicht al-lein, ich bin nicht al-lein, ich ha-be ei-nen Schutz-en-gel,

der will bei mir sein. 1. En-gel-chen, En-gel-chen, flieg hoch ü-ber Land und Meer.

Komm zu mir her, komm zu mir her! her!

Refrain: Ich bin nicht allein...

2. Engelchen, Engelchen, flieg hoch
über Stock und Stein
in mein Haus hinein, in mein Haus hinein!

Refrain: Ich bin nicht allein...

3. Engelchen, Engelchen, flieg hoch,
schütz Mensch und Tier;
bleib jetzt bei mir, bleib immer hier!

Refrain: Ich bin nicht allein...

Spielanregung: Ein ruhiges Schutzlied für alle Zeit.
Auch zur Entspannung und als Gutenachtlied.

Ich gieße jedes Gänseblümchen
(Gießkannen-Tanz)

Text und Musik: Stephen Janetzko; CD "Blubb, blubb, blubb, macht der Fisch"
© Edition SEEBÄR-Musik Stephen Janetzko, www.kinderliederhits.de
Tempo: ca. 148

Ich gie-ße je-des Gän-se-blüm-chen bei uns auf der Wie-se. Das Was-ser spritzt in ho-hem Bo-gen aus der Kan-ne raus. ne raus.

Gieß, gieß, gieß, schütt, schütt, schütt. Ach, du Schreck, kein Was-ser mehr. Wo krieg ich nun Was-ser her?
Gieß, gieß, gieß, schütt, schütt, schütt. Ist denn schon die Kan-ne leer? Ach, vom Hahn, na, bit-te sehr!

Spielanregung:
Zum Gießkannen-Tanz dürfen alle Kinder ihr kleinen Plastik-Gießkannen mitbringen. Das Lied kann auch z.B. zu einem Sommerfest den Eltern vorgespielt werden:
Alle Kinder stehen in einer Reihe nebeneinander.
Zur 1. Zeile "gießen" alle (am besten mit derselben Hand) mit der Kanne.
Zur 2. Zeile halten wir die Kanne mit beiden Händen und machen mit der Kanne einen großen Bogen (Halbkreis) von rechts nach oben und wieder links runter.
Danach wird wieder gegossen, bei "gieß" mit rechts, bei "schütt" mit links.
Bei "Ach du Schreck..." schütteln wir erst die Kannen und dann den Kopf.
Bei "Ist denn..." nicken wir mit dem Kopf.
Bei "Wo..." kratzen wir uns mit der freien Hand fragend am Kinn.
Bei "Ach..." geben wir und einen Klaps auf die Stirn und drehen mit der freien Hand einen imaginären Wasserhahn auf.
Danach beginnt das Lied von vorne, "bis die Wiese fertig ist".
Alternativ können wir auch weitere Blumen, Gräser oder Bäume gießen.

Text-Varianten z.B.:
- Ich gieße jeden Löwenzahn bei uns auf unsrer Wiese...
- Ich gieße die Geranientöpfe auf unsrem Balkone...

Riesen und Zwerge

Text: Constanze Grüger mit Stephen Janetzko; Musik: Stephen Janetzko; CD "Blubb, blubb, blubb macht der Fisch" © Edition SEEBÄR-Musik Stephen Janetzko, www.kinderliederhits.de

Refrain: Riesen gehn mit Riesenschritten...

2. Riesen steigen über Pfützen, über Pfützen, über Pfützen.
Zwerge wackeln mit den Mützen, mit den Mützen, mit den Mützen.

Refrain: Riesen gehn mit Riesenschritten...

3. Riesen können ganz laut trampeln, ganz laut trampeln, ganz laut trampeln.
Zwerge können dafür hampeln, dafür hampeln, dafür hampeln.

Refrain: Riesen gehn mit Riesenschritten...

4. Riesen können rückwärts gehen, rückwärts gehen, rückwärts gehen.
Zwerge können sich gut drehen, sich gut drehen, sich gut drehen.

Refrain: Riesen gehn mit Riesenschritten...

5. Riesen schlafen überall ein, überall ein, überall ein.
Zwerge wolln in Höhlen rein, Höhlen rein, Höhlen rein.

Gute Nacht! (*schnarch*schnarch*)

Spielanregung: Die Bewegungen ergeben sich gut aus dem Text.
Im Refrain wieder frei durch den Raum und die Strophen am Platz.

Heute fallen Regentropfen

Text: Constanze Grüger mit Stephen Janetzko; Musik: Stephen Janetzko, CD "Blubb, blubb, blubb, macht der Fisch" © Edition SEEBÄR-Musik Stephen Janetzko, www.kinderliederhits.de

Refrain: Heute fallen Regentropfen, auf den Kopf.
Heute fallen Regentropfen, tropf, tropf, tropf.

1. Regentropfen schweben leise, gehen jetzt auf ihre Reise.
Machen jetzt die Erde nass, nass, nass, ja, das macht uns richtig Spaß, Spaß, Spaß.
Refrain: Heute fallen Regentropfen...

2. Regentropfen fallen schwer,
kommen groß vom Himmel her.
Machen jetzt die Erde nass, nass, nass,
ja, das macht uns richtig Spaß, Spaß, Spaß.
Refrain: Heute fallen Regentropfen...

3. Regentropfen prasseln nieder,
und sie tun es immer wieder.
Machen jetzt die Erde nass, nass, nass,
ja, das macht uns richtig Spaß, Spaß, Spaß.
Refrain: Heute fallen Regentropfen...

4. Regentropfen knallen laut,
als ob`s auf die Erde haut.
Machen jetzt die Erde nass, nass, nass,
ja, das macht uns richtig Spaß, Spaß, Spaß.
Refrain: Heute fallen Regentropfen...

5. Regentropfen machen Pause,
bleiben nun auch mal zu Hause.
Machen nicht die Erde nass, nass, nass,
Pfützen springen macht jetzt Spaß, Spaß, Spaß.
Refrain: Heute fallen Regentropfen...

Spielanregung:
Dieses Bewegungslied wird im Sitzen auf dem Boden gespielt. Die Kinder spielen die Regentropfen in jeder Strophe mit ihren Fingern/Händen auf dem Boden nach. Im Refrain tippen sie auf ihren Kopf.

Auf dem Spielplatz (Spielplatz-Lied)

Text und Musik: Stephen Janetzko; CD "Blubb, blubb, blubb, macht der Fisch"
© Edition SEEBÄR-Musik Stephen Janetzko, www.kinderliederhits.de

1. Auf dem Spiel-platz, dem Spiel-platz, da spie-le ich gleich los. Auf dem Spiel-platz, dem Spiel-platz, da füh-le ich mich groß. Auf dem Spiel-platz, dem Spiel-platz, da bin ich gleich da-bei. Ich spie-le, spie-le, spie-le, und ich fühl mich frei! Ref.: Und das Ka-rus-sel, ja, das dreht sich schnell. Im-mer-zu im Kreis, im-mer auf der Stell. Und dann, ir-gend-wann, bleibt es stehn.

2. Auf der Schaukel, der Schaukel, da schaukel ich gleich los.
Auf der Schaukel, der Schaukel, da fühle ich mich groß.
Auf der Schaukel, der Schaukel, da bin ich gleich dabei.
Ich schaukel, schaukel, schaukel und ich fühl mich frei!

3. Auf der Wippe, der Wippe, da wippe ich gleich los...
4. Mit der Schaufel, der Schaufel, da schaufel ich gleich los...
5. Mit dem Bagger, dem Bagger, da bagger ich gleich los...
6. Auf der Rutsche, der Rutsche, da rutsche ich gleich los...
7. Wenn ich kletter, ich kletter, dann kletter ich gleich los...
8. Mit dem Wasser, dem Wasser, da plansche ich gleich los...

Spielanregung: Zu den Strophen machen wir die jeweiligen Bewegungen mit. Bei der "Fühl-mich-frei"-Zeile, die auch jeweils wiederholt wird, klatschen wir mit und springen mit hochgestreckten Armen in die Luft. Im Refrain strecken wir die Arme seitlich aus, drehen uns wie das Karussell auf der Stelle und bleiben dann wieder stehn.

Alle braven Kinder schlafen (Schlaflied)

Text: Günter Hugk; Musik: Stephen Janetzko; CD "Blubb, blubb, blubb, macht der Fisch"
© Edition SEEBÄR-Musik Stephen Janetzko, www.kinderliederhits.de

2. Schlafen gehen auch die Schafe und das Kätzchen und dein Hund.
Darum Kindlein, schlafe, schlafe; s`ist für dich die rechte Stund´!

Refrain: Alle braven Kinder schlafen...

3. Sternlein, die am Himmel stehen, leuchten schon und halten Wacht,
bis der Tag wird neu entstehen und die Sonne wieder lacht.

Refrain: Alle braven Kinder schlafen...

4. Schlafe wohl in süßer Weise, träum von dem, was dir gefällt.
Oder träum von einer Reise durch die schöne Märchenwelt.

Refrain: Alle braven Kinder schlafen...

DIE CD ZUM BUCH:

CD „Blubb blubb blubb macht der Fisch" – Meine 15 schönsten Lieder für die Kleinsten. Zum Mitsingen, Zuhören und Bewegen ca. ab 1 Jahr

Lieder von & mit Stephen Janetzko.

Über die CD: Ideal fürs Baby, Krabbelkind & Kleinkind zu Hause, unterwegs, in Eltern-Kind-Gruppen, in der Krabbelgruppe, in der Spielgruppe und im Kindergarten

Inhalt:
1. Blubb blubb blubb macht der Fisch
2. Häng dich an, häng dich an (Wir fahrn mit der Eisenbahn)
3. Nasenmann und Ohrenfrau (Meine 7 Sinne)
4. Hallo und guten Morgen!
5. Die Finger gehen jetzt auf Reise (Fingerspiel)
6. Hallo, wir sind froh!
7. Der Hasentanz (All die kleinen Häschen)
8. Die Mama ist die 1 (Mama, Papa, Bruder, Schwester und ich)
9. Im Zoo, im Zoo, im Zoo
10. Engelchen, Engelchen (Schutzengel-Lied)
11. Ich gieße jedes Gänseblümchen
12. Riesen und Zwerge
13. Heute fallen Regentropfen
14. Auf dem Spielplatz (Spielplatz-Lied)
15. Alle braven Kinder schlafen (Schlaflied)

Alterszielgruppe ca. ab 1-5 Jahre / Spieldauer ca. 42:52 min.
Bestellnummer 91033-262 - EAN: 4032289004826

Weitere CD-Empfehlungen:

Kati Breuer:
CD Piepmatzlieder — 25 frische Singhits für fröhliche Kinder zum Schaukeln, Trippeln, Stampfen und Zappeln
Kinderlieder für Eltern-Kind-Grupen, Krippe, Spielkreis, Kindergarten und natürlich für zu Hause

25 Lieder aus der Praxis für die Praxis - für Eltern-Kind-Grupen, Krippe, Spielkreis und Kindergarten und natürlich auch für zu Hause. Vom Igel und von den Zwergen, vom Anziehen und von den Farben, von zappelnden Fingern und streichelnden Händen, von bunten Tüchern und Seifenblasen.
Alle Lieder sind ideal zum Zuhören, Mitsingen und Bewegen für Kinder ab etwa einem Jahr.
Mit Bastelanleitung und geheimem Piepmatz-Extra.

*Alterszielgruppe ca. 1-6 Jahre, ideal 2-4 Jahre - Spieldauer ca. 69:19 min.
Bestellnummer 91033-288 - ISBN 978-3-95722-058-5*

INFO & SHOP: www.kinderliederhits.de
© SEEBÄR-Musik (Labelcode LC 05037)

Weitere CD-Empfehlungen:

Kati Breuer: **CD Sankt Martin ritt durch Schnee und Wind - Die 25 schönsten Laternenlieder**

DIE Laternen-CD zu Sankt Martin für alle Kindergruppen und zu Hause!

Stimmungsvoll arrangiert und gesungen von Kati Breuer und mit vielen fröhlichen Kinderstimmen. **Mit den 25 bekanntesten traditionellen sowie neuen Laterne-Liedern** u.a. von Elke Bräunling, Kati Breuer, Lieselotte Holzmeister, Stephen Janetzko, Peter Janssens, Detlev Jöcker, Richard Rudolf Klein, Rolf Krenzer, Klaus Neuhaus, Paul G. Walter und Rolf Zuckowski.

Zielgruppe ca. 2-9 Jahre/ Spielzeit ca. 66:17 min.
Best.-Nr. 91033-284 / ISBN 978-3-95722-059-2

Alle Lieder der CD:
1. Sankt Martin ritt durch Schnee und Wind
2. Laterne, Laterne, komm, leuchte für mich
3. Laterne, Laterne, Sonne, Mond und Sterne
4. Das Licht geht auf die Reise
5. Ich geh mit meiner Laterne
6. Ein bisschen so wie Martin
7. Brenn, Laterne
8. Kommt, wir wolln Laterne laufen
9. Laternenzeit, Laternenzeit
10. Durch die Straßen auf und nieder
11. Martinslied (Laterne, leuchte, leuchte hell)
12. Ein armer Mann (Sankt Martins Lied)
13. Laterne - zeige mir den Weg
14. Purzmurzel (Ein neues Laternenlied)
15. Wir tragen unsre Laternen (Laternenlied)
16. Abends, wenn es dunkel wird
17. Kleines Laternenlied
18. Ich hab eine feine Laterne
19. Hoch über uns die Sterne (Sankt Martin)
20. Licht in der Laterne
21. Meine Laterne
22. Guten Abend, lieber Mond
23. Ich schenk dir einen Stern (Sternenkinder-Lied)
24. Nimm deine Träume
25. Laternchen (Laternchen-Lied).

Die Texte der Lieder 1-6 befinden sich zusätzlich zum Mitsingen im Booklet, *das **vollständige Liederbuch** mit allen Texten, Noten und Gitarrengriffen zum Mitsingen und Mitspielen sowie eine Instrumentalausgabe sind neben dieser Gesangsfassung separat erhältlich.*

Zusätzlich erhältlich als Instrumentalausgabe:
Kati Breuer: CD Sankt Martin ritt durch Schnee und Wind - Die 25 schönsten Laternenlieder - Instrumental (Karaoke-Version), Best.-Nr. 91033-285 / ISBN 978-3-95722-062-2

Stephen Janetzko
(Autor, Liedermacher und Verleger)

Mit einer 20-minütigen MC „Der Seebär" fing alles an, heute sind es weit über 600 Kinderlieder, die der gebürtige Hagener Liedermacher bereits auf über 50 CDs und in zahllosen Liedsammlungen veröffentlicht hat. Viele davon, wie „Hallo und guten Morgen", „Wir wollen uns begrüßen", „Augen Ohren Nase", „Das Lied von der Raupe Nimmersatt", „Hand in Hand" oder „In meiner Bi-Ba-Badewanne", werden heute gesungen in Kindergärten, Schulen und überall, wo Kinder sind.

... mehr Info, mehr CDs, mehr Lieder & Noten:
www.kinderliederhits.de

Alle Rechte vorbehalten.
Dieses Werk ist urheberrechtlich geschützt. Jegliche Vervielfältigung und Verwertung ist nur mit Zustimmung der Autoren bzw. des Verlags zulässig. Das gilt insbesondere für Übersetzungen, die Einspeicherung und Verarbeitung in elektronischen Systemen sowie für das öffentliche Zugänglichmachen wie zum Beispiel über das Internet. Ein Nachdruck oder eine Weiterverwertung ist nur mit schriftlicher Genehmigung des Verlags möglich.

© Verlag Stephen Janetzko, **www.kinderliederhits.de**

www.ingramcontent.com/pod-product-compliance
Lightning Source LLC
Chambersburg PA
CBHW081504040426
42446CB00016B/3395